KB204314

주님의 교회

주님의 교회

이재철 목사 메시지

이재철 지음

홍성사.

일어나라
빛을 발하라

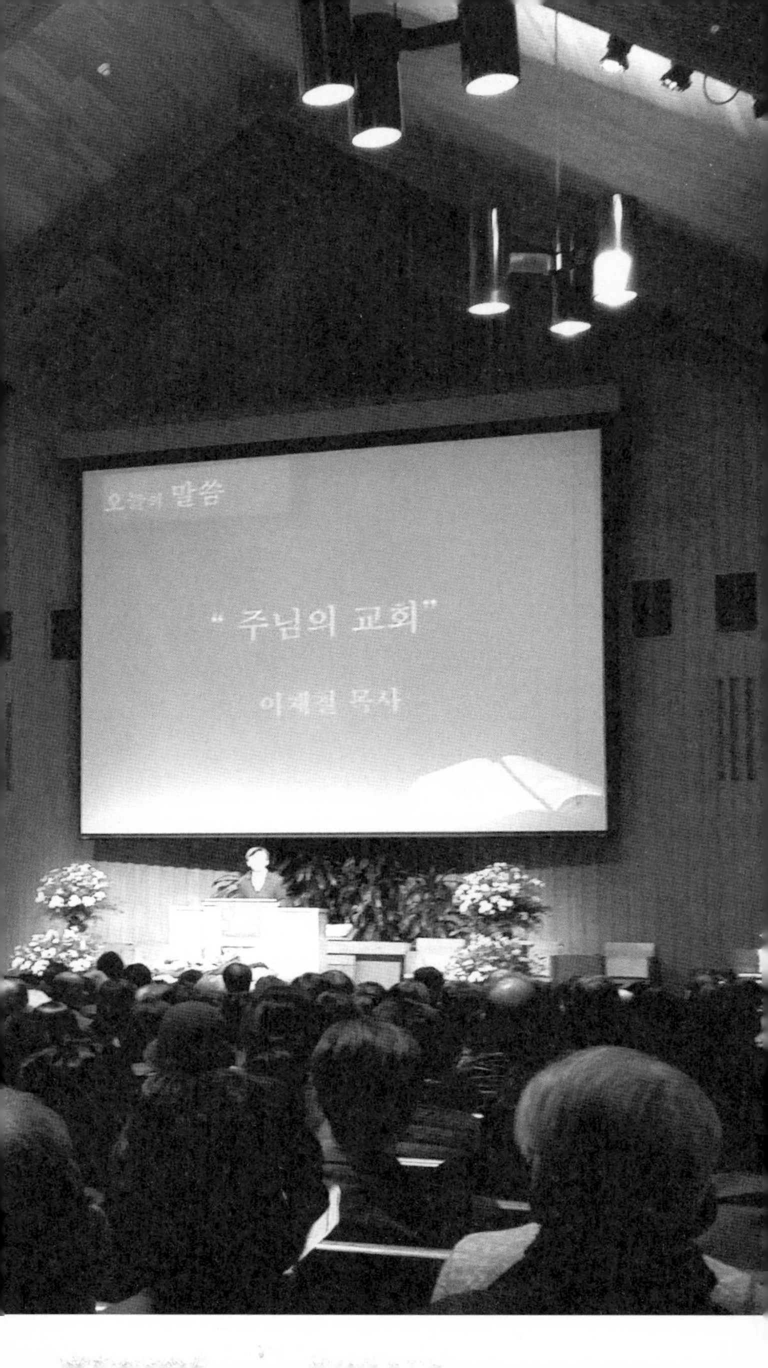
오늘의 말씀
“ 주님의 교회”
이재철 목사

일러두기

- 이 책은 2014년 11월 22일 뉴저지 팰리세이드교회 창립 30주년 부흥성회에서 한국기독교선교100주년기념교회 이재철 목사가 전한 설교를 녹취하여 텍스트에 대한 저자 검토 없이 편집팀의 교정·교열을 거쳐 펴낸 것입니다.
- 책 뒤표지의 QR코드를 통해 설교 내용을 음성으로도 들을 수 있습니다.
- 당시 기도문은 음성 데이터로 남아 있지 않아, 2015년 100주년기념교회 여름 수련회에서 동일한 주제로 전한 설교에서 발췌하여 본문 맨 뒤에 실었습니다.
-

안디옥 교회에 선지자들과 교사들이 있으니
곧 바나바와 니게르라 하는 시므온과
구레네 사람 루기오와
분봉 왕 헤롯의 젖동생 마나엔과 및 사울이라
주를 섬겨 금식할 때에 성령이 이르시되
내가 불러 시키는 일을 위하여
바나바와 사울을 따로 세우라 하시니
이에 금식하며 기도하고 두 사람에게 안수하여
보내니라

사도행전 13장 1-3절

주님께서 제자들에게 "너희는 나를 누구라 하느냐"라고 물으셨습니다. 베드로가 대답하기를 "주는 그리스도시요 살아 계신 하나님의 아들이시니이다"라고 대답했습니다(마 16:15-16). 주님과 베드로의 이 문답은 아무도 없는 허허벌판이나 세상과 격리된 심산계곡에서 이루어진 것이 아니었습니다. 이는 우리가 잘 아는 것처럼 가이사랴 빌립보에서 있었던 문답입니다. 가이사랴 빌립보는 분봉왕 헤롯 빌립이 이스라엘 북방에 있는 헤르몬 산기슭에 신도시를 건설하고 거기에 로마 황제의 칭호인 '카이사르'와 자기 이름인 '필립'을 붙여 명명한 도시입니다.

당시 황제의 이름이나 칭호를 붙인 도시가 로마제국에 상당히 많았지만, 아무 도시에나 황제의 이름 혹은 칭호를 붙일 수 없었습니다. 반드시 두 가지 조건이 선행되어야 했습니다. 첫째, 도시의 규모가 로마 황제의 위용에 걸맞게 큰 규모여야 했습니다. 둘째, 도시의 한가운데 혹은 가장 높은 곳이나 가장 중요한 지점에 황제를 모시는 황제의 신전이 있어야 했습니다. 가이사랴 빌립보에 카이사르 칭호가 붙었다는 것은 이 두 조건이 충족되었음을 의미합니다. 즉, 가이사랴 빌립보는 거대한 규모의, 황제의 도시였던 것입니다.

여러분, 우리가 영화를 통해서 과거 로마제국 시대의 이야기를 보게 되는데, 그 영화 속에 나오는 도시들 규모가 얼마나 큽니까? 얼마나 화려합니까? 그 웅장하고 화려한 황제의 도시에서 예수님께서 열두 명의 제자를 데리고 나타나신 모습을 한번 상상해 보십시오.

황제의 도시에 살고 있는 시민들의 옷차림은 얼마나 멋지겠습니까? 그들의 외모가 얼마나 세련되었겠습니까? 그에 비한다면, 나사렛 빈민 출신인 예수님의 몰골은 초라하기 짝이 없을 것입니다. 그분을 따르는 열두 제자들의 행색이야 말할 것도 없을 것입니다. 심하게 표현한다면, 그 황제의 도시 속에서 예수님과 그 일행은 거지들과도 같았을 것입니다.

바로 그곳에서 예수님께서 제자들에게 "너희에게 내가 대체 누구냐?"라고 물으신 것입니다. 그리고 베드로가 예수님을 향해 "당신이 '그리스도' 곧 구원자이시고, 당신이 '성자 하나님' 곧 하나님"이라 고백한 것입니다. 무슨 의미이겠습니까? 저 황제의 신전에서 인간의 경배를 받고 있는 로마 황제가 신이 아니라는 것입니다. 황제가 장악하고 있는 절대 권력, 그의 군사력이 우리를 구원해 줄 수 없다는 것입니다. "당신이 가진 것 없고 초라한 행색이어도, 나사렛 예수 당신만 우리를 구원하실 메시아시고 이 땅에 인간의 몸을 입고 오신 성자 하나님이십니다"라고 고백한 것입니다.

그 고백을 받으신 주님께서 반석과도 같은 베드로의 그 고백 위에 "내 교회를 세우리라"고 천명하셨습니다. 모든 그리스도인은 세상 속 황제의 논리가 아니라, 황제의 논리가 판을 치는 이 세상에서 주님을 따르는 사람이어야 함을 우리에게 일깨워 주시는 것입니다.

주님께서 반석과도 같은 베드로의 고백 위에 목사의 교회를 세우겠다고 말씀하시지 않았습니다. 베드로의 고백 위에 장로와 권사의 교회를 세우겠다고 말씀하시지 않았습니다. 베드로의 고백 위에 헌금 많이 하는 특정인의 교회를 세우겠다고 말씀하시지 않았습니다. 주님께서는 '내 교회' 즉 주님 당신의 교회를 세우겠다고 천명하셨습니다.

이 땅에 있는 모든 교회는 누구에 의해 세워졌든, 누가 교인이든 상관없이 모두가 주님께서 주인이신 주님의 교회입니다. 어느 교회이든 특정인이, 사람이 주인인 교회는 주님의 교회일 수 없습니다.
교회는 건물이나 제도가 아니라, 주님을 주인으로 모시는 사람들의 모임이라고 했습니다. 내가 섬기는 교회가 주님의 참된 교회가 되기 위해서는, 나 자신이 주님만을 주인으로 모시고 사는 그리스도인이 되어야 하는 것입니다. 바꾸어 말하면, 내 인생의 주어를 하나님으로 삼고, 나는 그 주어의 동사로 살아가는 것입니다. 동사는 언제든지 주어에 종속되어 있습니다. 동사는 결코 주어를 지배하려 하지 않습니다. 동사는 주어를 자기 동작을 위한 수단과 방법으로 삼지 않습니다. 동사는 언제나 주어에 순종합니다.
적어도 그리스도인이라면 이 원론적인 교회론을 다 알고 있습니다. 그럼에도 이 땅에 있는 수많은 교회들, 대부분의 교회라고 표현할 수 있을 만큼 많은 교회들이 내홍內訌을 겪고 있습니다. 아픔을 겪고 있습니다. 고통 속에 있습니다. 여러분, 정말 주님께서 주인이신 교회라면 아픔이 있을 수 없지 않겠습니까? 고통이 있을 수 없지 않겠습니까? 내홍을 겪을 수 없지 않겠습니까? 주님께서 우리의 주인 되신다고, 주님께서 내 인생의 주어가 되신다고 우리 모두 고백함에도 불구하고, 우리가 섬기는 교회가 왜 내홍을 겪고 아픔을 겪어야 하는 것입니까?

주후 381년에 교회는 니케아 콘스탄티노플 신조를 통해 교회를 이렇게 정의했습니다. “교회는 하나의 교회이고, 교회는 거룩한 교회이고, 교회는 사도적 교회이고, 교회는 보편적 교회임을 우리는 믿는다.” 그 이후 이것이 교회의 참모습임을 우리는 알고 있습니다. 교회가 하나의 교회, 거룩한 교회, 사도적 교회, 보편적 교회를 이룬다면, 바꾸어 말해 교회를 이루고 있는 여러분과 제가 하나의, 거룩한, 사도적, 보편적 교회를 이루어 가는 그리스도인이 된다면, 그런 그리스도인들이 모여 있는 교회는 결코 분열되거나 내홍을 겪을 수 없다는 말입니다.

첫째, ‘하나의 교회’란 무엇입니까? 하나의 교회라는 것은 교회의 숫자를 의미하지 않습니다. 이 세상에 숫자상으로 하나의 교회가 있어야 함을 뜻하지 않는다는 말입니다. 만약 이 세상에 숫자적으로 단 하나의 교회만 있어야 한다면, 그 교회는 최초에 2천 년 전 태동되었던 예루살렘 교회여야 할 것입니다. 그렇다면 주님을 믿는 그리스도인들은 주일마다 예배를 드리기 위해 예루살렘을 찾아가야 합니다. 하나의 교회여야 한다는 것은 지상에 아무리 많은 교회가 있다 할지라도 그 모든 교회, 그 모든 교회를 이루고 있는 그리스도인들이 믿는 믿음의 대상이 삼위일체 하나님 한 분이어야 한다는 것입니다. 그 하나님 한 분 이외에는 누구도 우리 믿음의 대상이 될 수 없다는 것입니다.

에베소서 4장 4-6절을 보시겠습니다.

> **몸이 하나요 성령도 한 분이시니 이와 같이 너희가 부르심의 한 소망 안에서 부르심을 받았느니라 주도 한 분이시요 믿음도 하나요 세례도 하나요 하나님도 한 분이시니 곧 만유의 아버지시라 만유 위에 계시고 만유를 통일하시고 만유 가운데 계시도다**

여러분이 믿으시는 하나님과 제가 믿는 하나님이 다르다면, 하나의 교회일 수 없습니다. 지금 이 자리에는 여러 교회를 섬기는 분들이 모여 계십니다. 그럼에도 우리 믿음의 대상이 한 분 하나님이시기에, 우리가 각각 다른 교회를 다니지만 각각의 그 다른 교회들은 다 예수 그리스도 안에서 하나의 교회를 이룰 수 있는 것입니다. 제가 섬기는 100주년기념교회는 미국 땅이 아니라 한국 땅에 있지만, 그럼에도 믿음의 대상이 한 분이시기에 여러분들 교회와 제가 섬기는 교회가 하나의 교회일 수 있습니다.
우리 모두가 하나의 교회를 이루어야 한다는 것이 구체적으로 무엇을 의미하는지 우리의 몸을 생각해 보면 그 의미를 좀더 잘 알 수 있습니다. 제 몸은 저 한 사람을 위한 몸입니다. 제 몸의 오장육부는 저 한 사람을 위한 지체입니다. 이 지체들이 어떻게 움직이는지 가만히 한번 생각해 보십시오. 이 지체는 한 사람인 저를 위해 서로 봉사합니다. 서로 섬깁니다. 왼손의 손등이 가려우면 오른손이 긁어 줍니다. 왼손 손가락들은 왼손 손등을 절대로 긁지 못합니다. 오른손 손등이 가려우면 왼손이 긁어 줍니다. 서로 섬기는 것입니다. 왜입니까? 한몸을 이룬 지체들이기 때문입니다.
배가 고프면 손이 음식을 가져다가 입에 넣어 줍니다. 입이 씹는 수고를 해주어 배를 채워 줍니다. 내가 잠을 자도 위장은 끊임없이 움직이면서 내 사지백체에 영양분을 공급해 줍니다. 내가 가고 싶은 곳이 있으면 발이 수고를 해줍니다. 만약 몸에 있는 지체들 가운데 서로 섬기지 않는 지체가 있으면, 그 몸은 마비된 것입니다. 아니면 세포가 죽었거나, 나를 해치는 암세포일 것입니다. 사지백체의 모든 세포가 건강하게 살아 있다면, 서로 섬기게 되어 있습니다. 이것이 한몸을 이루는 지체의 특징입니다.
우리가 하나의 교회를 이루려면, 우리가 주님의 지체가 되어 서로 섬겨야 함을 의미합니다. 섬김을 받기만 하고 섬기려 하지는 않는다면, 그런 사람들이 모여서는 결코 하나의 교회일 수 없습니다. 주님의 지체가 아닌 까닭입니다. 주님께서 우리에게 주신 새 계명이 "내가 너희를 사랑한 것같이 너희도 서로 사랑하라"(요 13:34)는 것입니다. 크고 강한 사람이 작고 약한 사람을 사랑하라, 돈 많은 사람이 돈 없는 사람을 사랑하라, 권력 있는 사람이 권력 없는 사람을 사랑하라는 것이 아닙니다. '서로' 사랑하라는 것입니다. 가난한 사람도 부자를 사랑하고, 비천한 사람도 존귀한 사람을 사랑하라는 것입니다. 그때에만 그리스도의 한 지체가 되어 하나의 교회를 이룰 수 있습니다.

중요한 사실은, 교인 각자가 서로 섬겨 주님의 한 지체가 될 때에만 교회의 연륜이 거듭될수록, 바꾸어 말해 세월이 흘러 그 교회를 이루는 교인들이 나이가 들어갈수록 그 교회는 '어른'이 많은 교회가 된다는 것입니다. 서로 섬기지 않은 채 세월이 흘러가면 그 교회는 '노인'만 많은 교회가 됩니다. 노인과 어른은 결코 같은 말이 아닙니다.

인간은 어머니의 태 속에 잉태되었을 때부터 죽을 때까지 호칭이 달라집니다. 어머니 태 속에 있을 때는 '태아'로 불립니다. 갓 태어나면 '영아', 조금 지나면 '유아', 좀더 자라면 '소년', '소녀'로 불립니다. 그다음에는 '청소년'이 되고, '청년', '중년'으로 불리다가 50대 말경부터 두 가지 호칭으로 갈라지는 지점에 서게 됩니다. 한 길은 '노인'이라 불리는 길이고, 한 길은 '어른'이라고 불리는 길입니다.

노인은 건강하면 건강할수록 주위 사람을 괴롭힙니다. 노인의 특성은 자기 중심적이라는 것입니다. 세상 모든 사람들이 자기에게 맞추어 주어야 합니다. 어른은 나이가 들어 몸을 움직이지 못하고 병석에 누워 있어도 사람들로부터 존경을 받습니다. 어른은 다른 사람의 그늘이 되어 주는 사람이기 때문입니다. 어른은 남의 아픔을 알고, 남의 고통을 이해하는 사람입니다. 어른은 다른 사람의 등을 쓰다듬어 주는 손, 자기 주머니에 있는 것을 나누어 주는 손을 가진 사람입니다. 반대로 노인은 받기만 하는 사람입니다. 나이가 들어 어른과 노인으로 갈라지는 이 지점에 무엇이 있습니까? 내가 젊어서부터 내 손과 발로 다른 사람을 섬기는 삶을 체득했는가 그렇지 않았는가, 이것이 나이가 들면 어른과 노인으로 갈라지게 만듭니다.

그리스도인은 죄와 사망으로 영원히 멸망할 수밖에 없었으나 예수 그리스도의 십자가 보혈로 구원받은 사람들 아닙니까? 그래서 그리스도인은 근본적으로 하나님에 대한 감사가 삶의 토대를 이루고 있습니다. 구약성경에는 '여호와께 감사하라'는 명령이 여러 번 등장하는데, 히브리어로 '감사하다'를 뜻하는 동사 '야다יָדָה'는 '손'을 의미하는 '야드יָד'에서 파생했습니다. 이 '야드'는 '빈손'을 의미합니다. 움켜쥔 손은 자기를 위한 손입니다. 자기 것에 집착하는 손입니다. 젊어서부터 남을 위해 손을 펴지 않은 사람은 늙으면 늙어 갈수록 움켜쥡니다. 즉, 노인이 되는 것입니다.

그러므로 히브리 동사 '야다'의 문자적 의미는 '감사의 대상에게 나의 빈손을 내미는 것'입니다. 하나님께 감사한다는 것은 하나님께서 사랑하시는 사람에게 내 손과 발을 내미는 것입니다. 그런 교인들이 있는 교회가 세월이 흘러갈수록 다른 사람의 고통을 이해하고 등을 쓰다듬어 주고 격려해 주고 자기 것을 아낌없이 나누고 그늘이 되어 주는 어른들로 충만한 교회가 될 수 있습니다. 어른들이 있는 교회는 결코 분열하지 않습니다. 노인들이 있는 교회는 분열되기 쉽습니다.

둘째, '거룩한 교회'란 무엇입니까? 사도 바울이 고린도교회 교인들에게 편지를 쓰면서 수신자인 고린도교회를 이렇게 정의합니다.

> **그리스도 예수 안에서 거룩하여지고 성도라 부르심을 받은 자들(고전 1:2중)**

여러분, 우리가 서로 '성도님'이라고 부르지 않습니까? 왜 그렇습니까? 우리는 죄와 허물투성이지만 예수 그리스도께서 당신의 보혈로 우리를 구원해 주시고 거룩한 하나님의 자녀로 구별해 주셨기 때문입니다. 그래서 우리에게는 거룩하게 살아야 할 의무가 주어진 것입니다. 이것이 곧 성화의 의무입니다.
여러분 가운데 대부분은 태어날 때 미국 시민으로 태어나지 않았습니다. 대한민국 국민으로 태어나시지 않았습니까? 그러나 미국 이민을 와서 미국 정부로부터 시민권을 받으면 미국 시민으로서의 의무를 다해야 합니다. 마찬가지입니다. 주님께서 우리를 하나님의 거룩한 백성으로 여겨 하나님 나라의 시민권을 주셨기에, 그 시민권을 지닌 사람답게 거룩한 삶을 살아야 되는 것입니다.
교회의 힘은 교인의 머릿수나 헌금 액수나 예배당 크기에서 나오지 않습니다. 오늘날 소위 청교도들에 의해 세워졌다는 이 미국 땅 요소 요소에 얼마나 교회가 많습니까? 그 교회들이 미국 사회를 변화시킬 수 있는 힘을 지니고 있습니까? 상실했습니다. 미국 교회는 더 이상 미국 사회를 변화시키지 못합니다. 지난해 미국 시민들에게 실시한 설문 결과를 보니 "나는 크리스천이 아니다"라고 응답한 사람이 50퍼센트가 넘었습니다. 미국은 이제 무늬만으로도 더 이상 기독교 국가가 아닌 것입니다. 가는 곳마다 예배당이 있는데 왜 이렇게 되었습니까? 교회가 세속화되면서 거룩을 잃었기 때문입니다.
교회의 힘은 거룩에서 나옵니다. 신약성경에 나오는 초대교회들이 웅장한 예배당이 있어서 세상을 변화시킨 것이 아닙니다. 그들에게 세상과 구별되는 거룩한 힘이 있었기 때문입니다. 그 힘이 로마제국을 뒤집어 놓았습니다.

제가 1998년부터 2001년까지 3년 동안 제네바 한인교회를 섬겼습니다. 제네바 한인교회 교인들 가운데 전문 성악인들이 있었습니다. 제네바 극장 오페라단에 소속되어 활동하던 분들이었는데, 그분들 가운데 제네바 콩쿠르에 참가한 분들이 있었습니다. 제네바 콩쿠르는 뮌헨 콩쿠르, 브뤼셀 콩쿠르, 프라하 콩쿠르와 더불어 세계에서 가장 오래된 콩쿠르입니다. 그래서 제네바 콩쿠르가 열리면 세계의 많은 성악인들이 모입니다. 제가 섬기는 교회 교우님들이 그 콩쿠르 결선까지 진출해 저도 그해 예선, 본선, 결선을 참관했습니다.
예선과 본선은 제네바 음악원의 큰 살롱에서 열렸습니다. 큰 살롱이라고 해봐야 200여 명 들어가는 공간입니다. 무대에 피아노가 한 대 있고, 출전하는 성악인들이 차례대로 나와서 피아노 반주에 맞추어 노래를 했습니다. 성악에 문외한인 저는 누가 노래를 잘하는지, 누가 뽑힐지 전혀 알 수가 없었습니다. 예선에 참가한 분들 가운데 열다섯 명이 뽑혔고 본선을 거쳐 다섯 명이 결선에 올랐습니다.

결선은 제네바에서 가장 큰 극장인 빅토리아홀에서 열렸는데 1,644석이 갖춰져 있었습니다. 그리고 예선, 본선과 달리 스위스 로망드 오케스트라가 반주했습니다. 스위스 로망드 오케스트라도 세계에서 가장 오래된 오케스트라단 중 하나인데, 그날 무대 위에 있는 오케스트라 단원이 무려 70여 명이었습니다. 각기 다른 많은 악기들을 연주한다면 그 소리가 얼마나 웅장하겠습니까? 그 연주 속에서 다섯 명의 성악인이 지정곡 한 곡, 자유곡 한 곡, 이렇게 두 곡을 불렀습니다. 저는 마지막 순간에 표를 구해 객석 왼쪽 제일 뒤에 앉았습니다.

그런데 예선, 본선 때는 누가 노래를 잘하는지 전혀 구별할 수 없었는데, 그 큰 극장에서 결선을 할 때는 누가 잘하고 누가 못하는지 금방 구별할 수 있었습니다. 제가 알기로 제네바 콩쿠르뿐 아니라 웬만한 세계적인 콩쿠르는 결선은 오케스트라가 연주하는데, 이유는 간단합니다. 결선답게 규모를 크게 하기 위함이 아닙니다. 그 큰 오케스트라의 연주 소리를 뚫고 성악인의 노랫소리가 객석으로 전달되는지 안 되는지 확인하기 위함입니다. 실제로 어떤 사람의 노래는 제 귀에 잘 들리지 않았지만, 어떤 사람의 노래는 악기들이 연주하는 웅장한 소리를 뚫고 제일 뒤에 앉아 있는 저의 폐부까지 스며들었습니다.

그날 미국 출신 음악가와 독일 출신 음악가가 공동 1위를 했습니다. 보통 콘테스트에서 공동 1위가 있으면 2위가 없지 않습니까? 그다음은 3위가 되기 마련인데, 이례적으로 한국 여성 성악가가 2위를 했습니다. 공동 1위 다음으로 2위를 한 것입니다. 그만큼 이분이 노래를 잘했던 것입니다. 저 개인적으로는 한국인 성악가가 훨씬 더 노래를 잘한 것 같았습니다. 이유는 미국 성악인과 독일 성악인은 전부 장신이며 체격이 당당했습니다. 그러한 체격에서 나오는 소리가 오케스트라 소리를 뚫고 나오는 것은 상대적으로 쉬운 것 같았습니다. 한국 여성은 키가 1미터 60센티미터도 안 되는 단신에 아주 마른 사람입니다. 고음이 많은 노래를 부른 것도 아닙니다. 때로는 저음으로 속삭이듯 노래를 부르는데 그 소리가 오케스트라 소리를 뚫고 정확하게 전달되었습니다. 여러분, 신비하지 않습니까? 어떻게 한 사람의 목소리가 수많은 악기가 내는 그 큰 연주 소리를 뚫고 나올 수 있겠습니까?

이유는 한 가지입니다. 성악인이 부르는 노래의 파장이 오케스트라의 파장과 다르기 때문입니다. 성악인의 음성 파장이 오케스트라의 파장과 똑같은 경우에는 더 큰 연주 소리에 노래가 파묻혀 버렸습니다. 같은 파장일 때는 작은 소리가 큰 소리에 파묻힙니다. 그러나 그 파장과 다른 파장을 지니면 그 다른 파장이 오케스트라 연주를 뚫고 한 사람 한 사람에게까지 전달되는 것입니다.

그날 오케스트라 소리를 뛰어넘는 노랫소리를 들으면서 판소리를 하는 분들이 득음 과정에서 폭포 훈련을 하는 것이 생각났습니다. 득음을 위해 폭포 뒤에서 목청을 훈련하는데 목소리가 폭포 소리를 뚫고 나오면 득음한 것입니다. 어떻게 사람의 소리가 폭포 소리를 뚫고 나올 수 있겠습니까? 다른 파장을 지니면 폭포 소리를 뚫고 나오는 것입니다. 저는 예전에 그렇게 득음한 분의 소리를 바로 면전에서 들었던 적이 있는데, 온몸이 전율하는 것 같은 감동을 받았습니다.
여러분이 돈의 파장을 좇으려 하면 빌게이츠 앞에서 열등감을 느낄 수밖에 없습니다. 여러분이 권력의 파장을 좇으려 하면 오바마 대통령 앞에서 100전 100패할 것입니다. 여러분은 권력과 돈을 초월하는 거룩한 파장을 세상 속에 전파하는 그리스도인이 되어야 합니다. 그러한 사람들이 모여 있는 교회가 거룩합니다. 그 거룩보다 힘센 것은 없습니다. 그 거룩이 나를 변화시킬 뿐만 아니라, 교회를 변화시키고 세상을 변화시킵니다. 성경에 등장하는 모든 신앙 위인들은 거룩의 파장을 지녔던 분들입니다. 그래서 교회는 거룩한 교회가 되어야 하는 것입니다.

셋째, '사도적 교회'란 무엇입니까? 모든 교인을 사도로, 선교사로 파송하는 교회가 되어야 한다는 의미입니까?

에베소서 2장 20절 말씀을 보십시다.

너희는 사도들과 선지자들의 터 위에 세우심을 입은 자라 그리스도 예수께서 친히 모퉁잇돌이 되셨느니라

교회는 사도들의 터 위에 세워지고 예수 그리스도를 모퉁잇돌로 삼은 공동체라는 것입니다. 사도들이 우리에게 전해 준 터가 무엇입니까? 바로 말씀의 터입니다. 교회가 사도적이어야 된다는 것은 사도들이 참수형을 당하면서까지 우리에게 전해 준 예수 그리스도의 복음, 그 말씀을 우리의 주인으로 모시는 교회가 되어야 한다는 것입니다. 주님을 주인으로 모신다는 것은 로고스이신 그분의 말씀을 내 인생의 주어로 삼는 것입니다.

신약성경은 사복음서로 시작됩니다. 복음서의 핵심은 베드로의 고백처럼 예수님께서 그리스도이시고 성자 하나님이시라는 것입니다. 그 복음서 다음에 사도행전이 이어집니다. 사도행전은 이 땅 위에서 교회가 어떻게 태동되고 어떻게 발전되었는지 교회의 역사를 보여 주는 기록입니다. 성경의 이 순서가 중요합니다. 언제든지 가장 앞서야 할 것은 복음, 말씀입니다. 어떤 경우에도 교회가 복음을 앞서면 안 됩니다. 교회가 중요하다면 그 자체가 중요해서가 아니라, 가장 중요한 복음의 통로가 되기 때문에 중요한 것입니다.

'선先복음 후後교회'여야 하는데 많은 교회들이 '선先교회 후後복음'으로 순서를 뒤바꾸는 경향이 있습니다. 교회의 부흥을 위해, 교회가 목적하는 바를 위해 말씀을 수단으로 삼을 때 그렇습니다. 그렇게 해서

겉보기에 부흥은 될 수 있을지 모르지만 그 교회를 통해 로고스가 생명으로 역사할 수는 없습니다.

독일의 종교학자 요하임 바흐가 신앙 체험의 본질적 요소를 네 단어로 정의했습니다. 첫째가 '궁극성ultimacy' 입니다. 하나님에 대한 신앙 체험은 인간과는 전혀 다른 궁극적 존재에 대한 체험이라는 것입니다. 그러니까 이 세상에서 사람과의 관계에서 경험할 수 있는 그 어떤 경험과도 같지 않다는 것입니다.

둘째가 '전체성totality'입니다. 하나님에 대한 체험은 내 삶의 한 부분에서만 일어나는 것이 아니라 내 삶 전반에 걸쳐 일어난다는 것입니다. 젊은 처녀 총각이 만나 서로 호감을 느끼고 있다고 하십시다. 남자가 여자에게 처음으로 사랑을 고백했는데, 여자가 그 고백을 받아들였습니다. 집으로 돌아가는 남자의 모습을 머릿속에 한번 그려 보십시오. 입만 웃는 것이 아니라 머리끝에서 발끝까지 마냥 기뻐서 어쩔 줄을 몰라할 것입니다. 남녀 간의 사랑을 고백하고 확인해도 삶 전체에서 그 영향이 나타나는데, 천지를 창조하신 하나님을 체험한다면 그 체험이 삶 전반에 걸쳐 일어나지 않을 수 없음은 두말할 나위가 없습니다.

셋째가 '강렬함intensity'입니다. 하나님에 대한 체험은 이 세상에서 인간이 할 수 있는 그 어떤 체험보다도 더 강렬하다는 것입니다.

마지막 넷째가 '행함action'입니다. 하나님을 체험한다는 것은 궁극적인 것이요, 전체성을 가진 것이요, 강렬함을 지녔기에, 그 체험은 반드시 행함으로 드러나지 않을 수 없다는 것입니다. 여러분이 정말 주님을 체험하고, 주님을 주인으로 모셨다면, 그 주님을 주어로 삼아 동사로 살아가지 않을 수 없습니다.

세계에서 가장 정확한 문법과 제일 풍부한 어휘를 가진 언어로 프랑스어가 꼽힙니다. 그런데 그 프랑스어로 '하나님의 말씀대로 살아간다'는 표현을 이렇게 표현합니다. '메트르 레 빠올르 앙 악트Mettre Les Paroles en actes.' 이것을 영어로 번역하면 'Put the Words into action'입니다. 하나님의 말씀대로 살아간다는 것은 나의 action 속에 하나님의 말씀을 집어넣는 것이라는 의미입니다. 내 손에 하나님의 말씀을 집어넣는 것입니다. 내 발에 하나님의 말씀을 집어넣는 것입니다. 그래서 내가 무엇을 하든 사람들에게는 하나님의 말씀이 보이게 되는 것입니다.

요즘 〈동아일보〉에 국정원장을 지낸 이종찬 선생의 회고록이 매주 연재되고 있습니다. 그 회고록을 보면, 아시는 분은 아시겠지만 예전에 잘 알려져 있던 사실이 다시 게재된 것을 보게 됩니다. 박정희 대통령 시절에 미국의 존슨 대통령이 한국을 방문했습니다. 그때는 시내에 특급 호텔이 없어 만찬이 워커힐에 별도의 빌라에서 있었습니다. 그런데 만찬 도중 갑자기 정전이 되었습니다. 참 망신스러운 상황이었습니다. 정전이 되는 순간 후다닥 하는 소리가 났는데 아무도 그게 무슨 소리인지 몰랐습니다. 그리고 한참 있다가 불이 들어왔습니다.

그런데 존슨 대통령이 보이지 않았습니다. 박정희

대통령은 그냥 혼자 우두커니 있었습니다. 알고 보니, 불이 꺼지는 순간 미국 경호원들이 존슨 대통령을 화장실로 옮긴 것이었습니다. 우리나라 경호원들은 대통령을 혼자 내버려 둔 것입니다.
여러분, 성경 곳곳에 말씀을 지키라고 기록되어 있습니다. 지킨다는 것이 무엇입니까? 미국 대통령의 경호원들이 미국 대통령을 지키기 위해 자기 생명을 던지듯이, 말씀이 드러나기 위해 나의 행동으로 그 말씀을 지키라는 것입니다. 그러면 그 말씀이 나를 지키게 됩니다. 내가 말씀을 손발로 지키면, 내 손발을 통해 그 말씀이 '육화incarnation', 육신을 입는 것입니다. 그런 교회가 세상을 살리지 않겠습니까? 그런 그리스도인들이 사람의 인생을 새롭게 하는 주님의 통로가 되지 않겠습니까?
사도 바울이 3차 전도여행을 하면서 '내가 이제 내 인생을 마지막으로 던질 곳이 로마제국의 수도 로마구나' 하는 사실을 깨달았습니다. 이제부터 만나는 사람을 다시는 이 지상에서 못 본다는 것을 알았습니다. 그래서 에베소의 장로들을 밀레도로 불러 자기 나름대로 이 세상에서 마지막 유언을 전해 주었습니다.

그 유언 가운데 사도행전 20장 30절이 있습니다.

> **여러분 중에서도 제자들을 끌어 자기를 따르게 하려고 어그러진 말을 하는 사람들이 일어날 줄을 내가 아노라**

지금 바울의 이 말을 듣는 대상은, 바울이 에베소에

가서 복음을 전하여 주님을 영접하고 신앙이 자라나 바울이 자기 손으로 그들의 머리 위에 안수하며 장로로 세웠던 사람들입니다. 그런데 자기 손으로 장로로 세운 사람들을 앉혀 놓고 이제 이 세상에서 작별하는 마지막 유언을 남긴다면 덕담을 해주어야 하지 않겠습니까? '저는 이제 여러분을 다시 못 봅니다. 그러나 내가 떠나간 뒤 여러분 모두 내가 했던 것처럼 하나님의 말씀을 지키기 위해 생을 던질 줄로 나는 믿습니다.' 이렇게 말해야 하지 않겠습니까?

그런데 뭐라고 이야기하느냐면 '여러분 중에 자기를 따르게 하려고 어그러진 말을 하는 사람이 나타날 줄 내가 압니다'라고 했습니다. '어그러진 말'이란 헬라어로 '디아스트렙호διαστρέφω' 즉 '왜곡시킨다'는 의미입니다. 여러분 가운데 하나님 말씀의 동사가 아니라 자기 욕망, 자기 야망을 위해 말씀의 주어가 되어 말씀을 왜곡시키는 사람이 나올 것이라는 경고였습니다.

우리는 다 죄성을 지니고 있습니다. 하나님의 말씀에 자신을 동여매려는 굳은 의지를 날마다 실행하지 않으면, 우리는 언제든지 말씀을 왜곡하는 어리석음을 자기도 모르게 범할 수 있습니다. 우리 모두가 아담과 하와의 후예들이기 때문입니다.

사탄이 하와에게 말하지 않았습니까? "하나님이 참으로 너희더러 동산 모든 나무의 실과를 먹지 말라 하시더냐"(창 3:1). 유혹하는 것이었습니다. 하나님께서는 말씀하시기를 "동산 각종 나무의 실과는 네가 임의로 먹되 선악을 알게 하는 나무의 실과는 먹지 말라 네가 먹는 날에는 정녕 죽으리라"(창 2:16-17)고 하셨었습니다.
그러나 하와는 사탄에게 이미 마음을 빼앗겨
"동산 나무의 실과를 우리가 먹을 수 있으나
동산 중앙에 있는 나무의 실과는 하나님의 말씀에
너희는 먹지도 말고 만지지도 말라 너희가 죽을까 하노라
하셨느니라"(창 3:2-3)고 사탄에게 대답했습니다.
하나님께서는 정녕 죽으리라고 말씀하셨는데 이미
하와는 먹고 싶은 마음이 있어 '설마 죽을까?'라고
생각하며 하나님의 말씀을 뒤집은 것입니다. 우리는 그
하와의 후예들입니다. 자신이 하나님의 말씀에 열심을
낸다고 하면 할수록 실은 하나님의 말씀을 비틀기가
쉽습니다. 하나님의 말씀을 좇아 산다는 것은
이 말씀으로 날마다 자기를 부인해 가는 것입니다.
날마다 말씀을 지키는 것입니다. 그래서 다른 사람들에게
내가 보이는 것이 아니라 말씀이 보이게 하는 것입니다.
그때 우리 각자는 사도적인 그리스도인이 되고, 우리의
교회는 세상을 살리는 사도적인 교회가 될 수 있습니다.

마지막 넷째, '보편적 교회'란 무엇입니까? 니케아
콘스탄티노플 신조는 라틴어로 기록되어 있는데,
우리말로 번역된 '보편적 교회'는 라틴어 원문에
'에클레시암 카똘리깜ecclesiam catholicam'이라고 되어
있습니다. 이를 영어로 번역하면 'Catholic Church'
입니다. 모든 교회는 Catholic Church가 되어야
한다는 것입니다. 그런데 로마 천주교회가 처음부터
Catholic Church라는 용어를 썼기 때문에 1517년에

나온 개신교는 그 용어를 쓰지 않기 위해 '에클레시암 카똘리깜'을 'Universal Church'라고 번역했습니다. Catholic Church와 Universal Church 모두 우리말로 번역하면 보편적 교회입니다.

보편적 교회란 남녀노소 빈부귀천이 차별되지 않고 모두가 한데 어우러지는 교회를 말합니다. 오늘날 미국 땅에서 보편적 교회를 만나 보기가 쉽습니까? 백인 교회와 흑인 교회가 따로 있습니다. 백인과 흑인이 한데 어우러져 있는 교회를 찾기가 쉽지 않습니다. 이는 보편적 교회가 아닌 것입니다. 서울에도 부자들이 가는 교회가 따로 있습니다. 가난한 빈민들이 가는 교회가 따로 있습니다. 이것 역시도 보편적 교회가 아닌 것입니다.

지금도 보편적 교회를 만나 보기가 어려운데 2천 년 전 교회가 보편적 교회를 이룬다고 하는 것은 그야말로 혁명적인 것이었습니다. 당시는 계급사회였기 때문입니다. 노예와 주인이 교회에서 한데 어우러져 주님의 몸 된 교회를 이룬다는 것은 혁명적인 발상이었던 것입니다.

보편적인 교회를 이룬다는 것이 그리스도인 개개인에게도 쉬운 일이 아닙니다. 다른 사람이 어떻게 하든 내 손과 발로 그들을 섬겨 내가 주님 앞에서 하나의 교회가 된다고 하는 것, 세상 모두가 모로 가더라도 나는 예수님을 따라 거룩한 파장을 발해 거룩한 교회가 된다고 하는 것, 세상 사람들은 주님의 말씀을 어그러뜨려도 나는 그 말씀을 경호원처럼 지켜 사도적 교회가 된다고 하는 것은 모두 개인적인 영성의 문제입니다. 그런데 함께 어우러져 보편적 교회를 이룬다는 것은 인간 관계의 문제입니다.

세상에서 가장 어려운 것이 인간관계 아닙니까? 그 인간관계에서 이념, 나이, 학벌, 직업, 지역, 출신을 넘어 한데 어우러지는 것은 지극히도 어려운 일입니다. 그런데도 왜 교회가 보편적 교회를 이루지 않으면 안 됩니까? 우리가 주님으로 모신 예수 그리스도께서 특정 부류의 사람들을 위해 오신 것이 아니라 만민의 구원자로 오셨기 때문입니다. 그래서 나 같은 사람도 구원받게 된 것입니다.

이뿐만 아니라 주님께서 이 땅에 계실 때 주님 주위에 모든 부류의 사람들이 한데 어우러져 있었기 때문입니다. 주님의 제자들 가운데는 열심당원 시몬이 있었는가 하면 세리 마태도 있었습니다. 시몬은 무력을 이용해 로마제국을 몰아내고 정치적 자유를 쟁취해야 한다고 믿는 혁명분자였습니다. 반대로 마태는 유대인들로부터 세금을 짜내어 로마제국에 바치고 중간에서 착복하는 불의한 세리였습니다. 열심당원 시몬의 입장에서 보면 유대인들로부터 고혈을 짜내 로마제국에 바치는 불의한 세리 마태는 반드시 제거해야 할 공적 1호였습니다. 마태의 입장에서 시몬은 천하대세를 알지 못하고 칼 한 자루로 독립을 얻겠다고 날뛰는 철부지 어린아이에 불과했습니다. 이 두 사람은 절대로 한자리에 앉을 수 없는 사람들이었습니다.

그런가 하면 갈릴리의 가난한 어부 베드로, 아리마대 지방의 재벌 요셉, 비천한 창녀 막달라 마리아, 존귀한 신분의 니고데모, 이 세상에서는 절대 한 식탁에 앉을 수 없는 사람들, 얼굴을 대면할 수도 없는 부류의 사람들이 예수 그리스도 안에서, 예수 그리스도로 인해, 예수 그리스도를 힘입어, 모두 한데 어우러져 보편적 교회를 이루었습니다. 그러므로 예수 그리스도를 주님으로 모셨다면 이 땅의 모든 교회는 보편적 교회가 되어야 하는 것입니다.

중요한 것은 교회가 보편적 교회를 이룰 때에만 비로소 하나의 교회, 거룩한 교회, 사도적 교회도 결과적으로 이루어질 수 있다는 것입니다. 흑인과 백인이, 가난한 사람과 부유한 사람이, 못 배운 사람과 배운 사람이 한데 어우러져 한 분이신 주님을 믿음으로 하나의 교회가 될 수 있고, 세상에서는 어우러질 수 없는 그들이 그리스도 안에서 한데 어우러짐으로 비로소 거룩한 파장을 발할 수 있고, 그것이 말씀 안에서 가능해짐으로 사도적 교회가 될 수 있다는 것입니다.

우리가 사도신경으로 우리의 신앙을 고백할 때마다 뭐라고 고백합니까? '거룩한 공회를 믿사오며'라고 합니다. 그 '공회'가 라틴어의 '에클레시암 카톨리깜' 입니다. 우리가 예배드릴 때마다 사도신경을 통해 '주님, 거룩한 에클레시암 카톨리깜을 믿습니다'라고 고백하는 것입니다. 무슨 의미입니까? '내가 속한 교회가 보편적 교회가 되어야 함을 믿습니다', 바꾸어 말하면 '우리 교회를 이루고 있는 나 자신이 먼저 보편적 교회가 되겠습니다'라고 결단하는 것입니다. 내가 보편적 그리스도인이 되지 않으면, 내가 속해 있는 교회가 결단코 보편적 교회가 될 수 없기 때문입니다.

그러면 이 보편적 교회는 이론 속에서만 가능합니까? 인류 역사 속에서 과연 이 보편적 교회가 완전무결하게 세워졌던 적이 있습니까?

사도행전 13장 1절이 이렇게 증언합니다.

> **안디옥 교회에 선지자들과 교사들이 있으니 곧**
> **바나바와 니게르라 하는 시므온과 구레네 사람**
> **루기오와 분봉 왕 헤롯의 젖동생 마나엔과 및 사울이라**

안디옥 교회의 선지자들과 교사들 명단입니다. 성경에는 당회라는 말이 없습니다. 당회원이라는 말도 없습니다. 그 시대에는 교회를 이끄는 지도자들을 "선지자"와 "교사" 라고 불렀습니다. 지금 용어로 한다면 안디옥 교회의 당회원 명단입니다. 사도행전 11장 20절을 보면 이 안디옥 교회를 세운 사람들이 누군지 확인할 수 있습니다.

> **그중에 구브로와 구레네 몇 사람이 안디옥에 이르러**
> **헬라인에게도 말하여 주 예수를 전파하니**

"몇 사람"으로 번역된 이 말은 헬라어 원문으로 '티네스 안드레스τινες ἄνδρες'이며 '어떤 사람들'이라는 의미입니다. 이 익명의 그리스도인들이 용기 있게 이방 땅 안디옥에 가서 이방인들에게도 과감히 복음을 전함으로, 2천 년 기독교 역사상 가장 중요한 획을 그은 시리아의 안디옥 교회가 지상에 출현한 것입니다.

그런데 사도행전 13장 1절을 다시 살펴보면, 안디옥 교회의 당회원 명단은 있는데 안디옥 교회를 세운 그 '어떤 사람들'의 이름은 나타나 있지 않음을 알 수 있습니다. 이것이 무엇을 의미하겠습니까? 안디옥 교회를 세우시는 주님의 도구로 쓰여진 그들은 안디옥 교회를 계속 다니지만 다른 사람을 뒤에서 밀어주는 역할을 한 것입니다. 자신들보다 더 적합한 선지자들과 교사들을 교회의 전면에 배치해 그들로 하여금 교회를 이끌어 가게 한 것입니다. 만약 그 교회를 세운 '티네스 안드레스'가 죽을 때까지 교회를 좌지우지하려 했다면, 지금 이 명단에 있는 사람들과 함께 보편적 교회를 이루지 못했을 것입니다.

예수님께서 요한복음 15장 5절에서 "나는 포도나무요 너희는 가지라" 하고 말씀하셨습니다. 이 포도나무 비유를 흔히 교회론으로 해석합니다. 앞서 말씀드렸듯이 교회는 주님의 몸이라는 것입니다. 초대교회도, 팰리세이드교회도, 100주년기념교회도 다 주님의 몸 된 교회의 지체들입니다. 팰리세이드 한 교회를 놓고 보면 교회를 이루는 각 교인들이 지체들인 것입니다.

그런데 주님께서 교회를 설명하실 때 화려한 대리석이나 황금으로 표현하지 않고 왜 나무에 비유하셨습니까? 나무를 가만히 생각해 보십시오. 땅속에서 순이 나오고 줄기가 나오지 않습니까? 그리고 첫 번째 가지가 나옵니다. 두 번째 가지가 어디에 들러붙습니까? 첫 번째 가지 밑으로 붙는 것이 아니라 두 번째 가지는 첫 번째 가지 위로 올라갑니다. 세 번째 가지는 더 위에 올라갑니다. 어떤 나무든지 제일 윗자리는 제일 마지막에 나온 가지가 차지합니다. 첫 번째 나온 가지는 언제나 제일 밑자리입니다. 나무를 보면 첫 번째 가지는 거의 보이지 않습니다. 가장 두드러져 보이는 가지는 위에 있는 가지들입니다.

보편적 교회를 이루는 기본 원칙은 오래된 교인들, 즉 교회가 세워질 때 주님의 도구로 쓰임받았던 교인들일수록 밑가지가 되는 것입니다. '누구든지 들어오십시오. 누구든지 들어와서 마음껏 봉사하십시오. 우리가 밑가지가 되어 주겠습니다.' 이러한 마음가짐으로, 새로 들어온 교인들이 더 열심히 주님을 섬기면서 가장 두드러져 보이는 윗가지가 되게 하는 교회가 보편적 교회를 이룰 수 있는 것입니다.

안디옥 교회 명단을 다시 보십시다.

> **안디옥 교회에 선지자들과 교사들이 있으니 곧**
> **바나바와 니게르라 하는 시므온과 구레네 사람**
> **루기오와 분봉 왕 헤롯의 젖동생 마나엔과 및 사울이라**

첫 번째 당회원 이름이 "바나바"입니다. 바나바는 사이프러스 구브로 출신의 정통파 레위인입니다. 예루살렘 모교회가 안디옥으로 파송한 초대 목사입니다. 당연히 당회원이 될 자격을 지니고 있습니다.

두 번째 인물이 "니게르라 하는 시므온"입니다. 바나바에 대해서는 사도행전 앞부분에 상세한 설명이 있어 우리가 잘 알 수 있는데, 두 번째 인물인 니게르라 하는 시므온은 직업이 뭔지, 학력이 어느 정도인지 아무것도 알 수 없습니다. 성경에 나와 있는 건 한 가지, '니게르라 하는 시므온'이라는 표현뿐입니다. 니게르에서 나온 말이 '니그로Negro'입니다. 시므온은 흑인이었다는 것입니다. 2천 년 전 흑인은 거의 모두가 노예였습니다. 그처럼 철저한 계급사회에서 정통파 레위인 바나바와 같이 당회원을 이룬 사람이 흑인 노예 출신의 시므온이었던 것입니다.

세 번째 인물이 "구레네 사람 루기오"입니다. 구레네는 아프리카의 리비아입니다. 아프리카 리비아 출신이라는 것 이외에 우리는 아무것도 알 수 없습니다. 그런데 만일 아프리카 리비아에서 이민을 간다면, 뭔가 일을 벌일 만한 능력이 있는 사람이라면 일반적으로 로마제국의 수도인 로마로 가야 되지 않겠습니까? 많은 사람들이 미국으로 이민 오는 이유 중 하나가 미국이 세계에서 가장 크고 부유한 나라이기 때문입니다. 즉, 루기오가 안디옥으로 갔다는 것은, 자신이 아프리카 출신이라는 것 이외에는 딱히 내세울 만한 것이 없기 때문임을 짐작해 볼 수 있습니다.

네 번째 인물이 "분봉 왕 헤롯의 젖동생 마나엔" 입니다. 여기서 '젖동생'에 해당하는 헬라어 '쉰트롭호스σύντροφος'는 '한 어머니의 젖을 먹고 자란 친동생'을 의미하기도 하고, '어릴 때부터 친하게 지낸 죽마고우'를 뜻하기도 합니다. 어쨌든 마나엔이 분봉 왕 헤롯의 친동생이든 헤롯의 죽마고우든 헤롯과 같은 지배계층

출신입니다. 헤롯은 결코 의로운 가문의 출신이 아닙니다. 헤롯은 우리 조선을 일본에 바친 매국노 이완용과 같은 사람입니다. 로마제국의 분봉 왕이 되어 백성들로부터 온갖 것을 착취하던 사람입니다. 이런 사람의 친동생이든 죽마고우든 마나엔도 그와 비슷한 삶을 살던 사람임을 의미합니다.

한번 상상해 보시기 바랍니다. 일제강점기 때 이완용이 회심해서 교인이 되었다고 하십시다. 그럼에도 그가 여전히 매국 행위를 하는데 그리스도인들이 그를 온전히 받아주겠습니까? 이것이 있을 수 있는 일이겠습니까? 그런데 그 불의한 헤롯의 젖동생 마나엔이 안디옥 교회의 당회원이었습니다.

다섯 번째 인물이 "사울"입니다. 이 사울은 우리가 알고 있는 바울입니다. 사울은 어떤 사람입니까? 예수님을 대적하던 폭도였지 않습니까?

자, 다섯 사람을 보십시다. 정통파 레위인, 흑인 노예 출신 시므온, 아프리카 리비아 출신 루기오, 불의한 지배계층이자 매국노 마나엔, 예수님을 대적하던 폭도 사울. 이 다섯 명은 절대로 같이할 수 없는 사람들입니다. 그런데 이들이 예수 그리스도 안에서 보편적 교회를 이루었습니다. 한자리에 앉아 주님의 몸 된 교회를 이룬 것입니다. 그들이 예수 그리스도 안에서 보편적 그리스도인이 되었기 때문이고, 안디옥 교회를 세웠던 '티네스 안드레스'들이 이 교회의 밑가지가 되어 주었기 때문입니다.

사도행전 13장 2-3절을 보면 성령님의 명령에 의해

안디옥 교회가 바나바와 바울을 전도자로 파송하지 않습니까? 그래서 세계의 역사가 변화됩니다. 여러분, 이제 의문이 해소될 수 있습니다. 우리에게는 의문이 있을 수 있습니다. 왜 당시 예루살렘 교회가 모든 교회의 우두머리, 모교회였는데 주님께서 그 예루살렘 교회를 통해 지중해 세계를 변화시키지 않으셨는가? 왜 변방에 있는 안디옥 교회를 세계를 변화시키는 당신의 도구로 쓰셨는가?
유대 크리스천들이 대다수를 이루고 있던 예루살렘 교회는 복음의 세계성을 제대로 인식하지 못한 채 보편적 교회를 이루지 못했습니다. 반면에 안디옥 교회는 비록 작은 공동체라 할지라도 예수 그리스도 안에서 온전한 보편적 교회를 이루었습니다. 그 보편적 교회를 통해 보편적 복음이 온 세계를 향해 흘러가게 주님께서 역사하시는 것은 당연한 일이었습니다. 그러므로 안디옥 교회 당회원들, 안디옥 교회를 세운 이들, 안디옥 교회 교인들 모두가 위대한 보편적 그리스도인이 아닐 수 없습니다.

그런데 이런 보편적 교회를 이룬 예가 성경에만 있습니까? 한국 교회사에도 있습니다. 제가 섬기는 100주년기념교회가 관리하는 양화진외국인선교사묘원에는 조선 반도에 와서 복음을 전하다가 순직한 선교사들 145명이 안장되어 있습니다. 그들 중 제가 개인적으로 가장 존경하고 한국 그리스도인들에게 가장 덜 알려진 사무엘 무어Samuel F. Moore 선교사가 있습니다. 무어 선교사는 곤당골, 즉 오늘날 서울 소공동에 있는 롯데호텔 근처에 교회를 세우고 아이들에게 교회학교를 시작했습니다.
그런데 아이들 가운데 '봉줄이'라는 아이가 있었습니다. 사람들은 이름 없는 그 아이를 '봉줄이'라고 불렀습니다. 나중에 그 아이 이름을 무어 선교사가 박서양이라고 지어 주었습니다.
하루는 그 아이가 와서 아버지가 장티푸스에 걸려 지금 죽어간다고 했습니다. 그 아버지는 박씨였고 이름은 없는 백정이었습니다. 조선시대의 백정은 어린아이도 하대를 하는 존재였습니다. 한마디로, 사람이 아니었습니다. 그래서 이름도 없었습니다. 그 이름 없는 최하층민 백정이 장티푸스로 죽어가는데 누가 돌봐 줍니까? 그런데 무어 선교사가 간호해 주기 위해 그를 찾아갔습니다.
무어 선교사는 의사가 아니었기에 그가 잘 아는 의사인 에비슨 선교사를 데리고 백정 박씨에게 갔습니다. 에비슨 선교사는 후에 세브란스 병원을 설립했고 당시에는 고종황제의 어의였습니다. 왕의 의사가 백정을 찾아간 것입니다. 그리고 결국 그의 병이 낫게 되었습니다. 박씨는 이해가 되지 않았습니다. '어떻게 왕의 의사가 나 같은 백정을 찾아왔을까?' 생각을 거듭할수록 감동이 되어 백정 박씨가 무어 선교사가 목회하는 곤당골교회를 나가기 시작했습니다.
곤당골교회에는 양반이 많았습니다. 그들이 처음에는 박씨가 백정이라는 사실을 몰랐다가 사실을 알고서 백정을 쫓아내 주기를 원했습니다. 무어 선교사는 그 요청을 거절했습니다. 그랬더니 양반 그리스도인들이

자리를 구별해 달라고 했습니다. 앞자리는 양반들이 앉고 백정은 저 뒷자리에 앉혀 달라는 것이었습니다. 하지만 무어 선교사는 교회는 만인을 위한 예배 처소이므로 안 된다고 거절했습니다. 그랬더니 양반들이 백정과 함께 예배드릴 수 없다며 교회를 떠났습니다. 그러고는 창덕궁 옆에 홍문동 교회를 따로 세웠습니다.

박씨가 자기 때문에 교인들이 나갔으니 얼마나 미안했겠습니까? 그는 서울에 있는 백정들뿐만 아니라 수원에 있는 백정들 집단 촌락, 그리고 경기도 일대를 다니며 백정들에게 전도하기 시작했습니다. 곧 그 백정들은 곤당골교회로 모여들었습니다. 교회를 나갔던 양반들도 가만히 생각해 보니 자기들의 행동이 옳지 않다고 여겨 되돌아왔습니다. 그리고 그 교회가 승동으로 옮겨져 승동교회가 되었습니다. 백정 박씨에게 무어 선교사는 박성춘이라는 이름을 지어 주었습니다.

1911년에 박성춘은 승동교회의 장로가 되었습니다. 3년이 지나 조선왕조의 혈통이었던 이재형이 같이 장로가 되었습니다. 백정과 왕손이 함께 머리를 맞대고 당회를 구성한 것입니다. 사도행전 13장 1절이 그대로 초기 승동교회에서 이루어진 것입니다. 그때 그 교인들은 100명이 되지 않았습니다. 그럼에도 주님께서는 그 교회를 당신의 도구로 쓰셔서 이 땅에서 백정이 해방되고 신분 차별이 철폐되는 역사를 이루셨습니다. 우리가 보편적 교회가 될 때 주님께서 친히 복음의 통로로 사용하심을 한국 기독교 역사 속에서도 보여 주신 것입니다.

여러분, 교회는 결단코 사람의 머릿수, 예배당의 크기에 의해 좋은 교회, 나쁜 교회로 구별되지 않습니다. 교회는 하나의 교회, 거룩한 교회, 사도적 교회, 보편적 교회냐 아니냐에 의해 성숙한 교회, 주님의 참다운 교회로 구분되는 것입니다. 여러분이 어떤 교회를 섬기든 그 교회에서 여러분 각자가 하나의 교회, 거룩한 교회, 사도적 교회, 보편적 교회를 이루어 가십시오. 반드시 여러분과 여러분이 속한 교회를 주님께서는 이 시대를 새롭게 하는 안디옥 교회로 사용하실 것입니다.

주님,
주님의 사람으로, 주님의 '동사'로 살아가기 원하는
주님의 귀한 자녀들, 지금 머리 숙이고 있습니다.
이분들에게 늘 성령의 능력으로 함께해 주시고
진리의 빛으로 조명해 주시기를 간구드립니다.

이 세상 속에서
하나의 교회, 거룩한 교회, 사도적 교회, 보편적 교회로
자기 자신을 잘 일구어 가게 하시고,
한분 한분이 모여 있는 교회가
맡겨진 소명을 잘 감당하게 도와주옵소서.

그리하여
우리가 이 땅에 없을 그때에도
우리가 살아온 삶의 족적으로 인해,
우리가 뿌린 씨앗들로 인해,
이 땅 위의 교회가 주님 안에서 새롭게 회생되고,
인류의 역사 속에, 인류의 삶 속에,
주님께서 이루시려는 섭리를 다 이루어 드리는
주님의 멋진 통로가 되게 하여 주옵소서.

여기 모인 한분 한분과 동행해 주시고,
마음속에, 삶 속에, 일터 속에,
주님의 긍휼하심이 늘 함께해 주시길 간구드리오며,
우리의 '주어'이신 예수님의 이름으로 기도드립니다.

아멘.

주님의 교회

The Church of the Lord

2017. 4. 4. 초판 발행
2018. 5. 2. 2쇄 발행

지은이 이재철
펴낸이 정애주
국효숙 김기민 김의연 김준표 김진원 박세정
송승호 오민택 오형탁 윤진숙 임승철 임진아
정성혜 차길환 최선경 한미영 허은
펴낸곳 주식회사 홍성사
등록번호 제1-499호 1977. 8. 1.
주소 (04084) 서울시 마포구 양화진4길 3
전화 02) 333-5161
팩스 02) 333-5165
홈페이지 www.hsbooks.com
이메일 hsbooks@hsbooks.com
페이스북 facebook.com/hongsungsa
양화진책방 02) 333-5163

• 잘못된 책은 바꿔 드립니다.
• 책값은 뒤표지에 있습니다.
• 이 도서의 국립중앙도서관 출판예정도서목록(CIP)은 서지정보유통지원시스템 홈페이지(http://seoji.nl.go.kr)와 국가자료공동목록시스템(http://www.nl.go.kr/kolisnet)에서 이용하실 수 있습니다.(CIP제어번호: CIP2017008033)

ISBN 978-89-365-1225-5 (04230)
ISBN 978-89-365-0547-9 (세트)

홍성사.